RAPPORT

SUR LE

CONGRÈS OUVRIER DE 1876

PRÉSENTÉ PAR

GÉRALD MALINVAUD

Ouvrier formier

AUTEUR DE LA BROCHURE SUR LE CHOMAGE

PRIX : 50 CENTIMES

LIMOGES

IMPRIMERIE DE Mme Ve H. DUCOURTIEUX

5, RUE DES ARÈNES, 5

—

1877

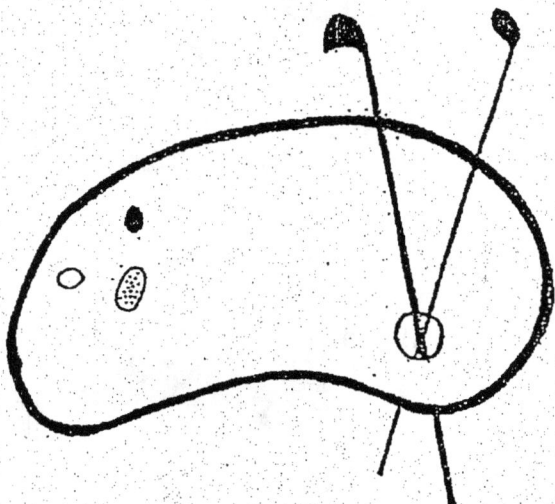

FIN D'UNE SERIE DE DOCUMENTS
EN COULEUR

LIMOGES

IMPRIMERIE DE Mme Vve H. DUCOURTIEUX,

5, rue des Arènes, 5

RAPPORT

SUR LE

CONGRÈS OUVRIER DE 1876

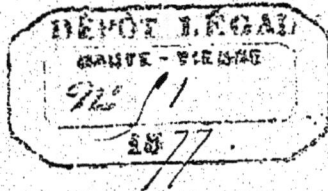

RAPPORT

SUR LE

CONGRÈS OUVRIER DE 1876

PRÉSENTÉ PAR

GÉRALD MALINVAUD

Ouvrier formier

AUTEUR DE LA BROCHURE SUR LE CHOMAGE

———⟨≫≪⟩———

LIMOGES

IMPRIMERIE DE Mme Ve H. DUCOURTIEUX

5, RUE DES ARÈNES, 5

1877

RAPPORT

SUR LE

CONGRÈS OUVRIER DE 1876

———◆◆◆———

A MES CONCITOYENS,

TRAVAILLEURS ET CAMARADES DE LIMOGES,

Après mon rapport verbal sur tout ce
que j'avais vu, observé et fait au Congrès
du 2 octobre 1876 et qui, nécessairement,
a dû être fort restreint, je viens vous pré-
senter un rapport écrit, auquel pendant
près de deux mois, j'ai mis toute mon
application, utilisé des études persistantes

qui remontent à quatre années et bien
des notes recuillies dans ce laps de temps.
Je me suis aussi, plus d'une fois, appuyé
sur des conseils, dans lesquels j'avais, et
qui méritaient, certainement, la plus
grande confiance, ne pensant jamais avoir
assez fait pour justifier l'honneur que
j'avais reçu de ceux d'entre vous qui
m'ont envoyé en délégation. Je tiens, tout
spécialement, à montrer à ceux-ci que
leur choix a été, en quelque sorte, justifié
au Congrès puisque j'ai eu l'honneur d'y
figurer, d'abord comme assesseur, puis
comme président et rapporteur de la sep-
tième commission.

Je m'étais, d'ailleurs, quoique sans y
penser alors, préparé à cette mission par

une petite brochure sur le chômage qui a
eu l'adhésion de bien des personnes compé-
tentes, et notamment celle de Louis Blanc,
dans ce qu'il m'en a dit à Paris et écrit à
Limoges. Enfin, mes chers camarades et
amis, j'ai fait tout ce qui a dépendu de moi
pour répondre dignement à votre appel,
pour être utile à notre cause, et je ne crois
pas avoir démérité de vous. D'ailleurs, je me
plais à me rappeler que, dans la première
séance où je vous ai rendu compte de ma
mission, j'ai eu le bonheur de voir ma
conduite et les principes que j'ai soutenus
approuvés et acclamés à l'unanimité des
suffrages.

Le Congrès ouvrier du 2 octobre 1876

aura rendu cette date mémorable, dans
l'histoire des travailleurs. C'est la première fois qu'ils se sont fait représenter
d'une manière aussi solennelle pour s'occuper, réellement et scientifiquement, de
leurs intérêts et des questions sociales les
plus sérieuses.

A ces premières et grandes assises du
travail, les résultats obtenus, la valeur
des idées émises, la justesse des théories,
les solutions proposées, n'ont eu et ne
pouvaient avoir (relativement à ce que
nous sommes en droit d'attendre de l'avenir), que l'importance prévue de travaux
en quelque sorte préparatoires. Il est très
probable, il est certain que le Congrès de
Lyon, où les ouvriers arriveront avec

l'expérience de celui de Paris et une
année entière qu'ils auront eu devant eux
pour se préparer, donnera encore de plus
grands résultats. A proportion que les
réunions ouvrières deviendront plus fré-
quentes et passeront dans les mœurs, la
condition des travailleurs s'élèvera en dignité et s'améliorera. La vieille science
politique est sur son déclin ; elle radote
comme ses vieux maîtres, on n'y croit
plus, on n'en attend rien pour le bien
public, au contraire. C'est la science nouvelle des intérêts sociaux, la science de
la vérité et du parler franc, la science
positive qui pousse, comme par les épau-
les, la science usée de l'astuce et du men-
songe et s'apprête à la remplacer.

Aujourd'hui le fait capital est ce nouveau point de départ qu'ont pris les travailleurs et qu'ils semblent avoir enfin
parfaitement compris, qu'à eux-mêmes, à
eux seuls, appartient de prendre en main
leurs intérêts. De ce soin là dépend d'ailleurs leur propre dignité, et, le laisser à
d'autres serait, de gaîté de cœur, abdiquer
sa personnalité, c'est-à-dire la chose sans
laquelle un homme n'est plus un homme.
S'il est vrai que notre amour-propre,
notre liberté, notre moralité, notre intelligence soient les biens les plus précieux
et au-dessus de tous le autres, il est vrai
aussi qu'il vaudrait encore mieux nous
tromper dans le gouvernement de nos
affaires que de nous soumettre à la sagesse

et à la prévoyance des autres. Non, il ne convient pas, il n'est ni dans l'ordre, ni dans la justice que notre bien-être même nous soit imposé. Et d'ailleurs, ce qui est vrai et restera toujours vrai, c'est que personne, mieux que soi-même, ne sait et ne peut faire ses affaires. *Ne t'attends qu'à toi seul,* dit la prudence, mais il faudrait ajouter à ce conseil un peu sec cette autre formule : « Aide les autres de tout ton pouvoir et compte alors toi-même sur leur bon vouloir » ; nous entrerions alors dans le système de réciprocité qui est le seul vrai, le seul possible. D'ailleurs, ce doit-être, tout à la fois, un devoir et une jouissance pour chacun de se diriger soi-même et gouverner ses intérêts sans que

nul aide et nul conseil lui soient imposés.
Si les conseils sont bons, c'est à la condition que chacun, également, en donne et en
reçoive. Pas de classes dirigeantes, puisqu'elles-mêmes ne souffriraient qu'avec
indignation d'être, à leur tour, dirigées.
Être responsable de soi-même, ne relever
que de sa conscience, en respectant la loi
et les droits des autres, c'est être libre.

Il est aussi de la plus haute importance
pour la famille que son chef naturel garde,
dans son autorité et sa prépondérance,
l'entière direction de sa femme et de ses
enfants, sans la partager avec personne
sous quelque prétexte que ce soit. Agir
autrement, c'est détruire la famille, c'est
abdiquer les droits les plus chers et les

plus sacrés, et relâcher les liens les plus
naturels et les plus doux. Mais il faut,
pour cela, que la femme trouve dans son
mari un bon et ferme appui, un ami
dévoué et de sûr conseil, et les enfants
un si excellent père, qu'ils n'aient qu'à se
reposer aveuglément sur son cœur, sa prévoyance et son dévouement.

En fait, nos intérêts à nous, travailleurs,
n'ont eu, jusqu'à présent, qu'à souffrir de
ne pas être assez surveillés et gouvernés
par nous-mêmes. A cette époque, surtout,
où toutes les ambitions se coudoient, se
heurtent, s'empêchent les unes les autres,
à cette époque de concurrence où le chacun
chez soi, chacun pour soi, est devenu un
axiome de sagesse, comment les intérêts

des uns pourraient-ils, sans inconvénient
et sans danger, être confiés aux mains
des autres ? Tâchons donc que, sans trop
tarder, arrive l'âge heureux où l'on pourra
dire avec vérité et confiance : « Chacun
pour tous et tout pour chacun. » Le temps
en paraît encore loin, mais à chaque géné-
ration sa part de progrès à réaliser.

Dans ma pensée, la plupart des maux
de la société, ceux mêmes dont se
plaignent le plus amèrement les classes
déshéritées, sont le fait de tous et ont été
amenés, presque toujours, sans avoir été
prévus par personne. Telle loi, telle institution, telle coutume, peut d'abord être
un bien ; les progrès accomplis nécessi-
teraient plus tard son changement ou sa

disparition, mais elle reste et peut ainsi devenir un mal. Un livre ne suffirait pas à énumérer les exemples à l'appui de cette thèse. On dit que les Romains gravaient leurs lois sur l'airain, moi, je préférerais que les nôtres fussent écrites sur le sable. On n'aurait rien perdu à ce que toute la législation, touchant les lois et procédures du combat judiciaire et beaucoup d'autres plus mauvaises encore, eussent été écrites sur les nuages.

Ce serait donc faire fausse route de s'en prendre toujours et entièrement aux personnes du mal qui existe ; ce serait ne pas vouloir aboutir. Ce sont au contraire les lois, les institutions, les coutumes, qu'il faut étudier pour les conserver, les

abroger ou les modifier ; ce sont les préjugés qu'il faut détruire, les erreurs de
compte qu'il faut redresser avec les procédés de la science ; c'est la croyance
aveugle en l'infaillibilité de la loi qu'il
faut déraciner en nous ; c'est surtout l'instruction qu'il faut répandre, la vérité qu'il
faut mettre en évidence, et la méthode
scientifique qu'il faut propager.

Je professe encore cette opinion que
l'injustice ne profite à personne, qu'elle
nuit, au contraire, quoique dans des sens
différents, et à ceux qui paraissent en faire
leur profit, et à ceux qui semblent, seuls,
en supporter les conséquences. Elle fait
les vices, et par conséquent le mal d'en
haut ; les vices, et par conséquent le mal

d'en bas. La justice, seule, fait le bien de
tous.

Ce n'est pas dans une famille riche que
j'irais chercher le bonheur, encore moins
chez des misérables, mais bien plutôt
dans une famille d'ouvriers aisée, vivant
de son travail et pouvant encore faire des
réserves ; honnête, simple dans ses mœurs,
unie autour d'un chef aimé et respecté ;
dans une famille ayant cette bonne et
forte santé du corps que donne une vie de
travail, exempte d'inquiétude et d'ambition, et la santé de l'âme qui provient
d'une forte et simple éducation. Telles
sont, je crois, les idées premières formant
le point de départ que nous devons constamment avoir en vue, chaque fois que

nous nous occupons des intérêts de la classe ouvrière. Je ne crains pas qu'on m'accuse jamais de m'en écarter.

Toute la presse avait été convoquée au mémorable Congrès du 2 octobre. Autant de journaux et presque autant d'appréciations sur les différents systèmes proposés et discutés. Le public et le Congrès lui-même, n'avaient qu'à gagner à cette liberté de critique. Quant à quelques persiflages de plus ou moins d'esprit qui se sont produit dans quelques rares journaux, on les a laissé passer parce qu'ils n'étaient ni sérieux ni justifiés et n'avaient que de l'ironie. Rien de plus respectable qu'une réunion de travailleurs

discutant paisiblement de leurs intérêts,
surtout si l'on réfléchit à la position précaire et difficile de la plupart d'entre eux,
à l'impérieuse nécessité qui les oblige à
rechercher les moyens d'améliorer un peu
leur condition et celle de leur famille. Il
était du devoir et de la justice de tous
d'applaudir à l'idée du Congrès, de lui
souhaiter la bienvenue et d'en proclamer
la nécessité. Tant pis pour ceux qui n'ont
pas su le comprendre.

Il serait aussi inutile que fastidieux de
revenir minutieusement sur tous et chacun des maux qui ont été signalés par les
divers orateurs de la rue d'Arras, et les
remèdes multiples proposés à ces maux.
Le public en a été assez informé. Je vou-

drais seulement rechercher si, au lieu
d'attribuer à chaque mal signalé, une
cause spéciale, il ne vaudrait pas mieux
en rechercher les causes les plus permanentes et les plus générales. Cette marche
me paraît d'autant plus nécessaire que,
souvent il est arrivé au sein du Congrès,
qu'un remède proposé contre un mal réel
en créait un autre à côté. A cet égard, et
comme exemple pris au hasard, je rap-
pellerai les plaintes formulées sur l'ad-
mission dans les fabriques de trop jeunes
enfants ; ces plaintes ne sont pas nou-
velles, elles sont justes et fondées, mais...
d'un autre côté, le petit salaire que re-
çoivent ces enfants est indispensable à la
famille. Resterait donc à choisir entre

deux maux, ce qui ne serait pas une solution. D'ailleurs enfin, on peut se demander comment et pourquoi il est
besoin d'une loi protectrice des enfants,
quand la sollicitude des parents devrait
suffire ?

On s'est plaint aussi de la concurrence
créée par le travail des prisons et des couvents, et l'on avait encore raison. Mais pour
empêcher cette concurrence, il faudrait
supprimer les travaux des prisons et des
couvents, c'est-à-dire violer la loi qui fait
du travail un droit et un devoir, même
pour des gens cloîtrés, même pour des
prisonniers ; il faudrait alors nourrir,
loger, vêtir, tant bien que mal, un immense personnel ne produisant plus rien

en échange de sa consommation, ce qui
serait une injustice de plus, ce qui serait
contraire à toutes les lois d'économie pu-
blique. Cette question même en soulève-
rait encore d'autres d'une plus haute
importance peut-être, mais il suffit, ici,
de signaler l'opposition, la contradiction.

Pour être conséquent, une fois lancé
dans cette voie, il faudrait encore se
plaindre de certains concurrents qui,
pour des motifs divers et presque toujours
inavouables, vendent à vil prix; de certains travailleurs qui, par force ou par
calcul, offrent leurs services à grand ra-
bais, etc., etc. Finalement, il faudrait défendre ces sortes de concurrences et bien
d'autres. Mais alors, une fois engagé

dans cette voie, où irait-on ? Et le pouvoir ayant commencé à mettre la main sur la liberté du commerce et des travailleurs, où s'arrêterait-il ?

Ces exemples et tant d'autres qu'on pourrait citer à la suite, montrent bien qu'en fait d'économie politique et de questions sociales, les solutions ne sont pas toujours au plus près, ni toujours celles indiquées par le simple sens commun ; mais qu'il faut, au contraire, les chercher dans les principes supérieurs de la science.

Je sais qu'il a été dit qu'il n'y avait pas de question sociale, mais *des* questions sociales, c'est-à-dire qu'il n'y avait pas d'axiomes, pas de point de départ, point d'idées générales, en un mot, pas de

science. C'est une bonne manière d'en
finir avec le socialisme, mais par trop
leste, par trop commode, et favorisant à
trop bon compte toutes les opinions les
plus diverses, les plus fantaisistes, les
plus soi-disant *opportunes*, enfin, puisque
le mot est à la mode. C'est absolument
comme si l'on disait d'une compagnie de
chemin de fer qu'elle ne doit pas s'embar-
rasser de principes fixes, de données générales, s'inquiéter d'une organisation supérieure ; qu'elle doit, au contraire, traiter
toutes les questions d'administration au
jour le jour, au fur et à mesure qu'elles
se présentent, à peu près et au hasard.

Il faut donc reconnaître, forcément,
qu'il existe une science économique-

sociale et y avoir constamment recours.
C'est parce que, trop souvent, les principes
les plus élémentaires sont ignorés, tra-
vestis ou violés, que les travailleurs ont
été irrésistiblement poussés à se demander
enfin d'où viennent tous les maux qui ont
été signalés au Congrès. Si beaucoup
d'entre nous n'ont pu encore s'instruire
dans une science qui les intéresse si directement, chacun de nous, au moins,
peut, dès à présent, en préjuger toute l'importance. C'est par la nécessité que les
travailleurs auront été poussés à étudier
les plus sérieuses questions qui puissent
être posées.

La science a aussi un grand avantage ;
c'est d'être impersonnelle et de ne cher-

2

cher ses armes et ses moyens que dans
des démonstrations et des méthodes. Son
but est la vérité, la justice appliquée, et
elle l'accepte d'avance d'où que ce soit
qu'elle vienne et où que ce soit qu'elle
aille. Sans la science, les discussions
restent écourtées, incomplètes, tombent
rapidement dans les personnalités, n'aboutissent pas et découragent. Qu'un ouvrier
demande à son patron l'augmentation
d'un salaire insuffisant, tandis que celui-ci ne pourrait l'accorder sans être en
perte et bientôt obligé de fermer son
atelier; l'ouvrier aura raison et le patron
aussi aura raison. Mais, pour le moment
et dans les conditions sociales actuelles,
rien ne pouvant être changé à la situation

d'aucun, il faudra demander à la science une solution supérieure qui satisfasse également le patron et l'ouvrier, en telle sorte que, tous comptes faits et tout compris, l'existence réelle et morale de chacun en soit améliorée. Le principe auquel il faudrait avoir recours pour cela est : que le travailleur doit pouvoir, avec son salaire rachéter son produit. Dans tous les cas, la solution existe nécessairement puisqu'elle doit faire cesser une situation anormale, contradictoire, impossible. Puisque cette solution existe il faut la chercher et la trouver et, quand on l'aura trouvée, il faudra l'appliquer.

Au surplus, cette simple réflexion peut se généraliser en dénouant et expliquant bien des contradictions qui ne sont qu'apparentes.

Un système bien démontré, des idées parfaitement justes peuvent être empêchés dans leur application :

1° Par l'organisation sociale imparfaite qui ne peut les supporter ;

2° Par celles des lois existantes qui ne sont plus en rapport avec le progrès ;

3° Par l'ignorance et les préjugés ;

4° Par le mauvais vouloir de ceux qui sont ou se croient intéressés au *statu quo*.

Obligée de tenir compte de tous ces genres d'empêchements, la science est presque toujours réduite à attendre, à louvoyer, à subir des atermoiements, non quelle renonce à ses principes et cède en

rien sur la rigueur de ses démonstrations,
mais après avoir indiqué le chemin à
prendre, les moyens d'arriver, force lui
est de se soumettre souvent à la pratique
des choses et de tenir compte de tous les
obstacles extérieurs. Mais tout en cédant
devant la nécessité, il faut toujours préparer, par le plus court chemin et dans la
pleine lumière, le triomphe du droit et
de la justice.

Huit questions principales ont été traitées au Congrès. Trois étaient, tout à la
fois, d'ordre politique ou législatif et économique. C'étaient la question des Chambres syndicales, celles des prud'hommes,
et celle de la représentation directe du

2.

prolétariat au Parlement. Les autres por-
taient sur l'enseignement professionnel,
le travail des femmes, les sociétés coopé-
ratives, les caisses du chômage et des
retraites, et enfin, l'union des travailleurs
des villes et des campagnes.

Il est évident qu'il aurait pu y avoir
plus ou moins que ces huit questions ;
qu'elles auraient pu ne pas être exacte-
ment les mêmes, et qu'elles ne forment
pas entre elles une chaîne, une série
scientifique. Quelque talent qu'on ait pu
mettre dans la discussion de chacune sépa-
rément, elles n'ont gardé entre elles, que
des rapports de hasard, elles ne forment
pas système. Cela, toute fois, n'empêche
nullement le grand intérêt qui s'attache

à chacune d'elles qui ayant, presque toujours été bien traitées, auront une très
grande importance dans le rapport d'ensemble. Ce sont de précieux matériaux
pour l'édifice en construction.

D'ailleurs, cette marche est naturelle ;
c'est celle qu'en toutes choses suit l'esprit,
humain. D'abord des faits pris au hasard,
sont examinés, étudiés, discutés, analysés;
puis, ces mêmes faits mis en ordre et en-
visagés à un certain point de vue ; puis
enfin, on cherche les principes généraux
qui les relient tous entre eux. C'est alors
que la science est faite.

Le Congrès du 2 octobre a ouvert la
voie et magnifiquement, il faut le reconnaître. Beaucoup de simples ouvriers,

presque sans étude, ont étonné par la
profondeur et la justesse de leurs vues.
Au Congrès de Lyon, il y aura sans doute
plus de méthode dans le choix des questions, dans leur enchaînement, dans leurs
solutions, et avec le temps et les Congrès,
la grande science finira par se vulgariser,
science tenue en dépôt dans des livres
que, malheureusement pour elles-mêmes,
les classes dirigeantes lisent peu et affectent de mépriser, estimant que les seules
connaissances utiles sont la routine des
siècles et l'intérêt privé.

Mais il en sera de la science sociale
comme de tant d'autres ; niée à son appa-
rition, puis dénigrée, puis calomniée, elle
finira par s'imposer à tous, car tous seront

obligés de compter avec elle. Rappelons-
nous que Proudhon a d'abord eu l'honneur
de voir parodier son système, incompris
ou trop compris, sur les planches, à la
parade et au théâtre, que plus tard, il a
soulevé contre lui de grandes colères, et
qu'aujourd'hui passerait pour être d'une
ignorance crasse qui seulement essaierait
de nier tout ce qu'il y a de profondeur de
science et d'idées dans les ouvrages du
célèbre socialiste.

Dans le premier groupe de questions
j'insisterai principalement sur celles des
Chambres syndicales et de la Représentation directe du prolétariat au Parlement.

Chambres Syndicales.

La question des Chambres syndicales est
une de celles qui ont été le mieux et le plus
clairement traitées. A cet égard, il faut lire
et relire le discours du citoyen Donnay,
de la Chambre syndicale des ouvriers
mécaniciens de Paris ; il faut encore lire
le discours du citoyen Chervet (de Lyon)
qui demande : 1º l'abrogation des articles
291, 292, 293, 294 du Code pénal, ainsi
que des autres lois restrictives contre la
liberté de réunion et d'association, et con-
clut en disant que l'abrogation des quatre
articles précités, rendant aux ouvriers la
complète liberté de réunion et d'association, le retrait du projet de loi sur les

chambres syndicales deviendrait une con-
séquence nécessaire. Le citoyen Donnay
a fait encore une remarque d'une profonde
justesse et de la plus grande importance,
quand il a dit que, *en tout état de cause,
l'organisation du prolétariat en Chambres
syndicales étant* TRANSITOIRE *et ne représentant qu'un des éléments de la solution du
problème social, il n'y a pas lieu d'en faire
une institution définitive.*

En effet, la meilleure organisation des
Chambres syndicales serait loin d'être une
solution, l'important serait d'obtenir le
retrait de toutes les lois restrictives aux-
quelles il vient d'être fait allusion et qui
ont le tort immense d'être en contradiction
avec le véritable esprit de la loi, en géné-

ral, en présupposant des délits pour entra-
ver la liberté dans ce qu'elle a de plus
précieux ; liberté de se communiquer ses
idées, liberté d'associer ses intérêts et d'en
discuter. Ces libertés supprimées, c'est
l'isolement et la séparation présentés comme sauvegarde de la société. Respectons
toujours les lois, tant qu'elles existent et
exigeons que nos adversaires en fassent
autant ; mais gardons toujours le droit de
les apprécier, de voir même quand les
meilleures ont fait leur temps et doivent
être abolies ou modifiées. Une fois les
ouvriers rentrés dans leur pleine liberté,
ils s'organiseront avec ou sans Chambres
syndicales ; mais je crois qu'alors elles
n'auront plus leur raison d'existence. La

liberté de réunion, la liberté d'association, la liberté de parler et d'écrire, la LIBERTÉ enfin, remplacerait avantageusement les Chambres syndicales et bien d'autres choses, en simplifiant de plus en plus, non-seulement la question ouvrière, mais toutes les questions sociales. Dans cette pensée, j'ai le bonheur d'être d'accord avec la presque totalité des délégués, notamment avec les citoyens Donnay et Chervet, avec les signataires du rapport de la deuxième commission, lequel a été acclamé aux applaudissements des délégués et du public des tribunes à une immense majorité.

3

Représentation directe
du prolétariat au Parlement.

En voyant la composition de nos Chambres qui toujours se succèdent et se res-
semblent, j'ai pensé qu'il serait mieux
(s'il était possible) qu'il n'y eût plus par-
mis nos députés, ni droite, ni gauche, ni
centre dans l'une ou l'autre de ces catégories, ni tant de groupes représentant des
personnalités princières, royales, impé-
riales, etc., parce que d'ailleurs, ces différents groupes, malgré tous les discours et
toutes les discussions, ne se convertissent
jamais les uns les autres, ne se cè-
dent en rien, ou que leurs alliances pas-

sagères n'occasionnent encore que plus
de désordre et de confusion, après quoi
chacun revient obstinément au groupe
dont il fait partie. Je n'ai jamais compris
que la France puisse être ainsi représentée,
et je défie à de plus habiles que moi de
le comprendre.

Dans ces idées là, bien que très partisan
de la représentation directe du prolétariat
au Parlement, je désirerais qu'il ne se
présentât pas dans l'arène politique comme
un nouveau parti, sous une nouvelle
enseigne, mais qu'au contraire il s'élevât
au-dessus de tous les autres, en prenant
pour programme et devise que : la justice,
le droit, la vérité, les intérêts moraux et
réels de toute la France sont au-dessus de

tous les partis, de toutes les coteries, de
toutes les castes et de toutes les personnalités; que la représentation nationale n'est
au service de personne ni d'aucune famille
princière, et que les députés de la France
représentent avant tout la France.

D'autre part, il me semble qu'aujour-
d'hui, plus qu'à aucune autre époque, les
différentes catégories sociales auraient
intérêt à se rapprocher et, pour ainsi dire,
à faire connaissance; je crois qu'on ne
sait pas encore assez que leurs intérêts ne
sont pas si opposés qu'on pourrait le croire
au premier abord et, selon moi, ce qui
entretient cette erreur, c'est la pensée où
l'on est généralement que l'exacte et unique mesure du bien-être et du bonheur

est l'argent, c'est-à-dire la supériorité de fortune; on ne croit pas assez, avec la conscience et la raison (bien que cela se prêche beaucoup) que, dans tous les cas, l'argent ne serait qu'un des éléments de ce bonheur si recherché, et que souvent même, il devient un obstacle aux plus délicieuses et aux plus pures jouissances.

D'abord, aujourd'hui la richesse n'est plus comme autrefois, d'une manière, en quelque sorte inamovible, retenue dans les mêmes mains; rien n'est au contraire plus mobile. Elle circule sous toutes les formes et change rapidement de mains. La terre, elle-même, cet élément si solide, couverte d'hypothèques, semble fuir son propriétaire. Richesse, médiocrité, misère

sont en continuelle permutation, ce qui
est un pas nouveau vers le progrès ; plus
que jamais la fortune est devenue capri-
cieuse, changeante et aveugle, et chacun
doit s'attendre, chaque jour, à monter ou
descendre de quelqu'une de ces catégories
dans une autre. Ce serait là déjà, une
première raison pour que chacun aussi,
réfrène un peu son ambition, désire moins
de distance entre les fortunes, mais aussi
moins d'*alea*, plus d'équilibre, plus de
certitude dans la possession.

D'un autre côté, on sait fort bien que le
bonheur, tel qu'il est généralement compris, est beaucoup affaire de convention,
qu'on le fait plus dépendre de l'opinion et de
l'amour-propre que de la réalité. « Si l'on

» ne voulait qu'être heureux, dit l'auteur
» du *Livre de l'esprit*, ce serait encore
» facile, mais ce qu'on ambitionne sur-
» tout, c'est d'être plus heureux que les
» autres. » Il doit infailliblement résulter
de cette disposition qu'il est bien rare
d'abord d'atteindre, puis de posséder paisiblement un bonheur si peu moral, si mal
compris et toujours si disputé. D'ailleurs,
si la vanité de chacun est satisfaite en
regardant en bas, elle est humiliée aussi
en regardant au-dessus de soi; et l'on n'est
jamais content.

Enfin, pour ce qui est des jouissances
physiques, elles s'émoussent vite et ont
d'ailleurs une mesure naturelle après laquelle tout le reste est de pure convention.

« Tu es bien heureux d'avoir conservé ton
appétit, » répondait un riche gourmand,
privé du sien, à un malheureux qui lui
demandait, en grâce, un morceau de pain.
« Si vous m'aviez fait quelquefois partager votre dîner, réplique celui-ci, vous ne
seriez pas obèze et podagre, et moi j'aurais
un peu plus de graisse. »

La tendance est donc à l'égalité, et peut-
être arrivera-t-il un jour où, tout le monde
comprenant les résultats qu'on en doit
attendre, l'idée en sera plus facilement
acceptée par tous. Oui, l'égalité vient et
s'impose chaque jour d'avantage, et, à
défaut de théories, l'histoire suffirait à
nous montrer ce mouvement. Nous en
sommes aujourd'hui à la concurrence dans

tout ce quelle a d'excessif, avec ses plus
grands avantages et ses plus grands inconvénients; c'est un progrès sur l'ancien
état de choses, mais qui n'est qu'un acheminement à un progrès supérieur.

Avec plus d'égalité dans les fortunes, et
par conséquent dans le bien-être, arrivera
aussi plus d'égalité dans l'éducation et
l'instruction qui, perdant ce qu'elles ont
de trop rustique d'un côté, de trop effacé,
de trop raffiné d'un autre côté, gagneront
en force et en vérité. De là plus de facilité
et d'agrément dans les rapports des citoyens entre eux, moins de haut luxe, mais
plus de celui qui consiste à ne rechercher
dans les choses que les jouissances qui
s'y trouvent naturellement, et ainsi plus

3.

de vrai bien-être, plus de travail, plus de
production, plus de consommation, beaucoup moins de misère. Enfin, pour revenir à notre question de la représentation
directe du prolétariat au Parlement, les
mœurs publiques et privées se simplifiant
en s'améliorant, les partis qui ne s'ali-
mentent que du mécontentement des particuliers, ou de leur indifférence pour de
stériles discussions, diminueront en nombre et en activité, pour finir par disparaître
et faire place, dans la représentation nationale, à la seule et unique préoccupation
du bien public.

Avec la science, avec le progrès doivent
disparaître de la société tous les éléments
mauvais ; les différences des classes et des

castes doivent s'effacer de plus en plus,
et la représentation s'unifier et se sim-
plifier.

Mais pour en arriver là, il est indispensable que le prolétariat commence par
s'instruire, non de vaines et inutiles curio-
sités, mais de toutes les questions vérita-
blement importantes, qu'il se fasse large-
ment et directement représenter à la
Chambre, en prenant toutes les précau-
tions et garanties qu'il semble avoir négli-
gées jusqu'à ce jour.

Nous n'avons pas besoin de subtils et
habiles discoureurs, mais de représentants
qui, dans un langage simple, clair, bref,
sachent défendre nos intérêts, sans s'inquiéter ni s'enbesogner de toutes les

finesses du parlementarisme politique. Oui,
camarades travailleurs, méfions-nous du
trop habile langage « de cet outil inventé,
» comme dit Montaigne, pour agiter une
» tourbe desréglée, subjecte à être con-
» tournée par les oreilles au doux son des
» paroles vides sans venir à peser et con-
» naître la vérité des choses par la force
» de la raison. » Que chez nous donc,
l'amour de la vérité, de la justice et du
bien général remplace, dans nos discours, soit en public, soit entre nous, dans
nos ateliers et jusques dans nos familles,
cette maigre et triste éloquence de tant
de parleurs de profession à pensées vides,
à cœurs secs, à étroites ambitions, qui
jusqu'à présent se sont trop fait applaudir

et admirer de confiance, en nous payant
d'ombres, d'apparences et de promesses
toujours en retard, toujours illusoires.
N'oublions pas enfin que personne mieux
que nous-mêmes, ne peut nous représenter
aux Parlements.

Instruction
Éducation et Enseignement professionnel.

Je viens redire, après tant d'autres,
l'instruction pour le peuple, mais je voudrais me rendre un compte exact de cette
idée. Je vois bien que par ce mot *peuple*
on entend spécialement les travailleurs
des villes, les artisans ; mais je sais aussi
que, traitant ce peuple un peu comme
une race à part, on demande s'il lui faut
une instruction à un degré égal ou infé-
rieur que celle à l'usage des classes dites
dirigeantes, qui sont en même temps
savantes. Ces classes paraissent craindre

que, si l'instruction devient égale, les pré-
tentions le deviennent aussi, et l'ambition
un mal épidémique. Dès lors, ajoutent-
elles, la concurrence n'aurait plus de
limites, trop demanderaient à être avocats,
juges, médecins, notaires, académiciens,
attachés d'ambassade, etc., et ces hautes
fonctions perdraient tout leur prestige.
De plus, la division de la société en classes
dirigeantes et dirigées cesserait, parce que
personne ne voudrait plus appartenir à ces
dernières. D'ailleurs enfin, on n'a pu
jusqu'à présent se faire à l'idée qu'un for-
geron, un charpentier, un maçon, etc.,
soient en même temps gens lettrés, polis,
éduqués, et que les mains calleuses du
travailleur sachent seulement bien tenir un

livre. A côté des gens qui pensent ainsi
d'autres affirment, au contraire, que tout
au moins on a immensément exagéré les
différences de valeur par ordre du mérite
des fonctions et emplois; que les aptitudes
étant égales dans toutes les classes, l'instruction aussi devrait être égale, et que
cette égalité serait, tout à la fois, un
bien et une justice. Mais, dans tous
les cas, et prenant la question dans
les conditions sociales actuelles, voilà je
crois comment on devrait raisonner :
le peuple a besoin de travailler pour
vivre et n'a que peu de temps à donner à la culture des lettres et aux jouissances des choses de l'esprit. La bourgeoisie, au contraire, tient ses enfants sur

les bancs du collége jusqu'à dix-huit, dix-
neuf et vingt ans; de là, les envoie souvent
aux écoles de droit, de médecine, ou à
Saint-Cyr, ou à l'école des Beaux-Arts, ou
à l'école Polytechnique etc., ce qui prend
encore trois, quatre ou cinq ans avant que
ces jeunes gens soient en état de tirer profit
de ce qu'ils ont appris, chose qui, pour
plusieurs destinés à devenir rentiers ou
gros propriétaires, n'arrive jamais.

Évidemment, un simple ouvrier ne peut
rêver de si magnifiques destinées pour ses
enfants ; de telles études absorbent trop
d'années et coûtent trop d'argent. Mais ces
études payées si cher, sont-elles indis-
pensables à la force de l'intelligence, à la
délicatesse et à l'élévation des sentiments,

à la rectitude de l'esprit? Je ne puis, moi
simple ouvrier, me faire une idée bien
exacte de la valeur de ces hautes ou pro-
fondes connaissances ; mais je pense que
le peuple ne doit pas trop les envier ; je
crois qu'on peut, à meilleur compte,
savoir amplement tout ce qui est nécessaire pour former un homme complet et
un citoyen utile : le reste étant plus ou
moins objet de curiosité, de vanité, d'a-
mour-propre et un moyen, comme on dit,
de se pousser dans les hauts emplois. Ce à
quoi nous devons viser, nous autres ouvriers, c'est avant tout, de nous former un
jugement droit et sain, une raison exempte
de préjugés, des manières simples et
polies, c'est-à-dire aussi loin de la grossiè-

reté que de l'affectation ; assez d'instruction pour n'être déplacés en quelque compagnie que ce soit, et ne plus être si
facilement le jouet des apparences, des
sophistes et des péroreurs. Nous devons
surtout nous appliquer à l'étude des sciences morales et économiques, puisque c'est
sur ce terrain qu'à l'avenir se discutera de
plus en plus le sort du prolétariat. Enfin
nous devons viser à bien savoir l'état que
nous avons choisi ou que le hasard nous a
donné. Tout cela n'empêche pourtant pas
que, si parmi nous se trouvent des aptitudes exceptionnelles, comme il se voit si
souvent, il ne faille leur faciliter les moyens de s'élever plus haut, et souvent
même, heureusement pour l'humanité,

ces aptitudes plus fortes parce qu'elles
sont plus naturelles, savent s'élever d'elles-
mêmes sans aucun appui. Pour ne citer
qu'un seul exemple entre cent mille, c'est
à James Wat, ouvrier mécanicien que
nous devons la véritable machine à va-
peur, qui a plus influé sur la civilisation
que les plus grandes victoires et conquêtes.

Quand le travailleur aura bien compris
ces idées et bien rempli ce programme,
il aura fait, dans la voie de l'égalité (et
j'ajoute pour le vrai bonheur de toutes
les classes), un pas immense, et la société
sera transformée.

Mais ce programme, pour être bien suivi,
offre plus d'un genre de difficultés. Il se
compose de trois parties bien distinctes

qui doivent marcher ensemble sans que
l'une empêche les autres :

Il se présente d'abord à des gens presque toujours dans la gêne et plus préoccupés des nécessités de la vie matérielle
que de toute autre chose ;

Il est destiné à être mis en application
tout à la fois par des ouvriers qui veulent
commencer, refaire ou perfectionner leur
éducation ;

Il est fait, aussi et surtout, pour les enfants pris dès l'âge le plus tendre, et né-
cessite, par conséquent, le concours actif
des mères de famille souvent bien occupées
d'ailleurs.

Voici beaucoup d'obstacles, il ne servi-

rait à rien de les masquer, mais ils ne sont
pas insurmontables.

Il est bon que, le plus possible, le père
et la mère éduquent et instruisent eux-
mêmes leurs enfants. Il y a, à ceci, plusieurs avantages : la famille en est plus
unie, les parents gardent sur leurs enfants
plus d'autorité et en obtiennent plus d'a-
mour et de respect ; enfin, cet enseignement, tout d'affection et d'intérêt, profite
au cœur et à l'esprit des parents eux-
mêmes.

Si l'instruction parmi les ouvriers était
déjà plus répandue, si tout citoyen savait
bien lire et bien écrire en bon français,
s'il avait les premières notions des sciences les plus importantes, cette éducation

de la famille, dans la famille, en serait
singulièrement facilitée, et il ne faudrait
plus à toute force, ou envoyer ses enfants
à telle ou telle école, insuffisante d'ailleurs
bien souvent, ou les voir absolument pri-
vés des bienfaits de l'instruction.

Pourtant, même dans l'état actuel des
choses, il est rare et extraordinaire qu'entre
le père et la mère, s'ils le veulent bien,
une partie au moins de cette éducation du
foyer ne puisse se faire utilement sous
leurs yeux et par eux-mêmes. Il y a même
des soins qui ne demandent aucune dépense de temps ni d'argent, de ces soins
qui se donnent par le seul exemple, qui
consistent à ne pas s'entourer de gens
grossiers et mal éduqués, à n'avoir entre

soi que de la politesse, de bonnes manières, de bonnes paroles, de l'ordre, de la
propreté, etc. Parmi les enfants, les plus
âgés, les premiers élevés, peuvent donner
des leçons aux autres, en se servant de
leurs anciens livres et cahiers, conservés
soigneusement par la mère... Le soir, à
la veillée, l'un peut faire la lecture pour
tous, etc.

On me citait une famille d'ouvriers
dans laquelle le fils aîné avait appris à
lire et à écrire à sa mère, qui en avait
senti la nécessité pour élever elle-même
ses autres enfants.

D'ailleurs, sans entrer dans de trop mi-
nutieux détails, je dis que la ferme volonté,
unie à l'amour des parents pour leurs

enfants, peut vaincre bien des obstacles et
trouver bien des ressources. Qu'ils com-
mencent à faire ce qu'ils peuvent et bientôt ils seront aussi surpris des résultats
obtenus, qu'heureux d'avoir autour d'eux
des enfants bons, bien élevés et intelligents.

Que dans les ateliers, au lieu de lire tant
de romans et de feuilletons à la Rocambole,
on lise plus souvent des choses sérieuses
et vraiment instructives ; que les livres
soient bien choisis, après mûre délibéra-
tion et après s'être éclairé des meilleurs
conseils. Aujourd'hui, on peut avoir pour
une bibliothèque d'atelier ou de famille
vingt chefs-d'œuvres pour cinq francs.

Enfin, ma pensée est que l'éducation et
l'instruction ne doivent faire qu'un, et

4

marcher de pair en se fortifiant mutuel-
lement. Je crois qu'un bien si précieux
est, dans une large mesure, à la portée de
tous ceux qui veulent fortement l'acqué-
rir ; c'est par l'éducation et l'instruction
qu'il faut commencer l'égalité entre les
citoyens de toutes les classes, c'est-à-dire
l'effacement des classes. L'ignorance, mère
de la grosièreté, conduit au vice, le vice
enfante la misère ; mais l'instruction qui
fortifie l'intelligence, est encore, et par cela-
même, le meilleur enseignement moral.
N'oublions pas non plus que « l'éducation
» de l'esprit et des manières est une des
» garanties les plus importantes de la
» dignité humaine » ; et que le plaisir
d'apprendre est un des plus permanents,

des plus vifs et des plus à l'abri des mauvaises chances de la vie.

Quand à l'enseignement professionnel,
il me semble que les machines, l'extrême
division du travail et tant de nombreux
procédés pour faire vite, bien et à bon
marché, ôtent à cette question une certaine
part de l'intérêt qui peut s'y attacher. Les
travaux pour lesquels il est besoin de
développer de l'adresse et de l'intelligence
deviennent chaque jour moins nombreux;
toutefois, il est bon, il est excellent de
bien faire ce qu'on fait et de toujours s'y
appliquer. Aimer son état est une grande
qualité, mais à côté de ce progrès, de cet
amour-propre de l'ouvrier pour son état,
il faut l'application de la justice qui rende

de telles dispositions également utiles aux
autres et à lui-même.

On s'habitue un peu trop à parler de
l'industrie française, des produits français, de la supériorité des ouvriers français, des immenses ressources du commerce français, mais abstractivement et
comme dans les nuages. L'industrie française, ses produits, le commerce qui vient
à la suite, sont le fait d'individualités fran-
çaises qui voudraient en être un peu
récompensées. Ainsi le veut la justice, et
les ouvriers ne sauraient vivre des ampli-
fications oratoires et fleurs de rhétorique
à l'adresse d'une nation. La gloire sans la
justice est une balance qui a perdu un de
ses plateaux.

Dans tous les cas, que les jeunes gens
se préparent à tout les états par la vue
des différents procédés employés dans
tous les genres d'industrie, le dessin ordi-
naire, le dessin linéaire, un peu de mo-
delage, etc. Qu'ils s'exercent à des com-
mencements d'études sur les sciences en
général; qu'ils polissent leur esprit avec
un peu de littérature et la lecture attentive
de nos meilleurs écrivains, et je crois
qu'ainsi ils acquerront une éducation
plus forte, une intelligence plus solide
que celle acquise si longuement, si péni-
blement et si chèrement sur les bancs des
collèges et des écoles.

On entend souvent rendre au travail, et
par suite aux travailleurs, les plus grands

4

hommages, seulement il serait à désirer
que, dans la pratique journalière de la
vie, de si beaux sentiments s'accentuent
avec plus de positivisme. Oui, le travail
est honorable, et cette vérité est presque
puérile à force d'être évidente, mais jusqu'à présent, ayant trop séparé le travail
de l'instruction, de la politesse, des bonnes
manières, il en résulte que l'ouvrier,
même le plus habile, même le plus méri-
tant, ne frayant pas avec ce qu'on appelle
la société, est trop souvent resté à ce poste
honoré du travail où l'oublient si facilement, même ceux qui prônent le plus
haut, dans des discours officiels, les louan-
ges du travail et du travailleur.

Sociétés ouvrières.

Je veux parler ici des sociétés ouvrières qui se forment en vue de bénéfices à réaliser. Au premier abord, ces bénéfices sont quelque chose de très attirant. Si on y regarde de plus près, on commence par douter de la réalisation de ces bénéfices, et si, comme l'a fait le citoyen Finance, dans un très remarquable travail (où la conclusion pourtant a fait défaut, n'ayant pas été ce qu'on devait en attendre), on passe en revue toutes les sociétés ouvrières qui ont existé, on voit que presque toutes ont liquidé avec perte, que très peu ont gagné, et que celles qui semblaient avoir obtenu de meilleurs résultats n'avaient pris cette situation, devant le public, que par des erreurs de compte. Elles oubliaient, par exemple, d'indiquer le nombre exact de leurs associés, ce qui était faire une division et trouver le quotient avec un faux dividende.

Tout cela était facile à prévoir; mais il est bon de démontrer qu'il ne pouvait en être, et qu'il n'en sera jamais autrement. Cette conclusion afflige et irrite même beaucoup de travailleurs, qui ne voient d'autre moyen de sortir de leur position précaire et difficile que par des associations à former pour gagner beaucoup d'argent. Ils ignorent toujours, après l'avoir entendu dire mille fois, que la vraie, la seule

richesse est dans les produits; que les
produits étant consommés au fur et à
mesure de leur formation, ne peuvent s'ac-
cumuler; qu'ils doivent donc toujours
être renouvelés par un nouveau travail;
que par conséquent si l'argent, signe d'é-
change, n'existait pas, les erreurs de compte
rendues plus difficiles, il serait impossible
de voir se former de grosses fortunes à côté
d'immenses misères; qu'il suit de là directement que, si tous les travailleurs étaient
associés, ce serait principalement et presque directement, des produits qu'ils s'é-
changeraient entre eux; que force leur
serait de renoncer aux bénéfices et de vivre
dans l'égalité les uns à côté des autres.

Vain langage pour beaucoup, précisé-

ment parce que chacun espère faire partie
de la phalange privilégiée, être plus habile,
plus chanceux, plus favorisé que le reste
de ses camarades, et se grandir au grand
dépit de ceux qui l'avaient connu dans
la médiocrité, en un mot bénéficier.

Et voilà l'explication de tant de jalou-
sies, de tant de rivalités, de tant de vains
essais d'associations où tous les associés
doivent s'enrichir et n'aboutissent jamais
qu'à des déceptions et des ruines. C'est le
désir de la supériorité et le goût de la
loterie, de l'*alea* sous toutes les formes qui
a toujours fait le mal du peuple, et quand
au lieu de chercher son bien-être dans la
justice et l'égalité, dans le travail, il le
cherche dans la lutte, la rivalité, l'excep-

tion, le bénéfice, il se condamne à tourner
la même lourde meule à perpétuité.

C'est du travail que nous devons demander, du travail pour tous, du travail sans
excès ni interruption, du travail qui
assure notre existence dans la plus large
acception du mot; qui développe la force,
la santé, l'adresse du corps, en nous
laissant aussi des loisirs pour la culture
de notre intelligence, de nos sentiments,
de nos affections; qui nous donne autant
de paix et de sécurité que nous avons
aujourd'hui de luttes et de craintes.

Puisque la condition de l'homme est
le travail, il faut bien que le travail
soit chose excellente à quelque point
de vue qu'on l'envisage. Il est bon

au corps et bon à l'âme, il développe et
affermit notre intelligence en la fixant;
il nous unit les uns les autres et utilise
toutes nos facultés les plus diverses; aussi
a-t-il été défini : *l'action intelligente de
l'homme sur la matière dans un but d'utilité*.
Enfin il est santé, moralité, liberté, c'est-
à-dire l'équilibre de l'homme avec lui-
même, ce qui est le vrai bonheur. Si le
travail était organisé de manière à remplir
ces conditions, plus d'un bourgeois, las
de ses jouissances plus précaires et fra-
giles que jamais, ambitionnerait de devenir ouvrier. Un philosophe demandait,
pour former le monde, de la matière et
du mouvement, nous, ouvriers, demandons, pour équilibrer la société, du travail
et de la justice.

Mais on ne saurait trop insister sur ce
point que les associations ouvrières ne
peuvent espérer de bénéfices. Les preuves
en sont si nombreuses qu'elles ne laissent
que l'embarras du choix : Un patron qui
occupe cent ouvriers et gagne net sur
chacun 0, 25 centimes par jour, fait sa fortune. Il faut pourtant observer qu'il a
aussi à supporter toutes les mauvaises
chances jusqu'à la faillite, tandis que les
ouvriers, régulièrement payés chaque se-
maine ou chaque quinzaine, ne perdent
rien de leurs journées ; et s'il y a des chô-
mages, ils tombent en perte au patron tout
aussi bien qu'à ses ouvriers. Que ces
mêmes ouvriers s'associent entre eux, ils
auront à surmonter d'abord les difficultés
qui naissent du grand nombre des socié-

5

taires; ils devront se pourvoir d'un bon
gérant, d'un bon caissier, ils auront à leur
compte, tous les mêmes risques que cou-
rait le patron et, s'il leur arrive une dé-
bâcle subite, ils se trouveront jetés sur le
pavé tous ensemble. Quand à leurs bénéfices, ils ne pourront pas, évidemment,
être au-dessus de ceux que faisait le patron,
et seront probablement au-dessous, et pour
tout l'embarras, les soucis, les mauvaises
chances à courir; ils auront difficilement
0 25 centimes de plus par jour ! Ce n'était
pas la peine assurément....

Donc, tout le monde doit travailler et
chacun pouvoir vivre de son travail ;
l'extrême opulence et l'extrême misère
dénotent un vice d'organisation ou plutôt
un manque d'organisation, et le paupé-

risme est une plaie qui, avec le travail,
doit finir par disparaître. Quant à moi,
j'ai toujours été surpris que, parmi tant
de bonnes gens, si secourables aux malheureux et si remplis des meilleures inten-
tions, personne ne se demande jamais s'il
n'y aurait pas moyen, au lieu de secourir
les pauvres, de faire qu'il n'y en eût plus?
Cela vient, je crois, de ce qu'on juge trop
légèrement cette grande réforme impossible. On ne comprend pas que la misère,
étant un mal, n'est qu'un accident; que
la charité, par conséquent, n'est et ne
peut-être qu'un remède passager à un
mal qui n'est pas inguérissable, et que les
gens les plus charitables sont justement
ceux qui devraient désirer l'avénement
du jour où leur charité n'aura plus de
raison d'existence.

On sait d'ailleurs que c'est de l'opulence surtout que vient la misère. Il est
telle nation très riche dont les particuliers
sont très pauvres. C'est même une obser-
vation que Sismondi avait souvent l'occasion de faire dans ses voyages, et l'on sait
qu'il aimait mieux raconter ce qu'il voyait
que faire des systèmes. Auring-Zeb, prince
Persan, à qui l'on demandait pourquoi il
ne bâtissait pas d'hôpitaux, dit: « Je ren-
« drai mon peuple si riche qu'il n'aura
« pas besoin d'hôpitaux. » Montesquieu
fait cette réflexion qu'il aurait dû dire:
« Je commencerai par rendre mon peuple
riche, et après je bâtirai des hôpitaux. »
Londres est la ville riche par excellence,
où trouve-t-on plus de misère qu'à Londres? Les exemples à citer dans ce genre

seraient aussi nombreux que les villes riches. Or, si la misère est ainsi et toujours l'appendice obligé de l'opulence, il faut en conclure que l'opulence étant chose fâcheuse et la misère encore plus, c'est dans l'égalité qu'il faut mettre notre espoir.

L'argent, but unique des sociétés ouvrières, joue souvent un rôle de trompe-l'œil ; on lui attribue des biens qui ne sont pas de lui, on ne voit pas les maux qu'il cause, on n'aperçoit pas facilement les erreurs de compte qu'il fait naître, mais tous, grands et petits, bourgeois et manants, s'agenouillent devant cette puissance.

A la différence des produits qu'on achète avec l'argent et qui disparaissent dans la consommation, ce métal circule indéfiniment, comme font les figurants de théâtre pour imiter une foule. L'argent se fait payer ses services une fois, deux fois, dix et vingt fois dans la même année, et se multiplie encore au moyen du papier qui le représente. En se capitalisant, comme on dit, il renaît de lui-même, comme le Phénix. Il double tous les quatorze ans, se reproduit soixante-quatre fois dans un siècle, mille fois dans cent cinquante ans ; enfin, on a calculé qu'un capital de 1 fr. placé à 5 pour 100 pendant cinq siècles ; produirait 39 milliards 233 millions 200 mille francs !.

Mais ces rôles extraordinaires et multiples que joue l'argent, et bien d'autres encore, font aisément soupçonner à un esprit tant soit peu observateur, des erreurs de compte, des doubles emplois.

Sans entrer dans une critique plus appro-
fondie à cet égard, je dis que les comptes
de la société devraient et pourraient s'éta-
blir, non sur l'argent qui n'est qu'un signe,
non sur le papier qui représente ce signe,
mais directement sur les produits. Car, en
procédant ainsi, on simplifie le problème
en évitant les causes très nombreuses
d'erreurs introduites par un élément, qui
n'est pas indispensable au fonctionnement
social et sans lequel s'expliquent très bien
les lois de la production, de la distribution
et de la consommation des richesses. Or,
quand ces produits, qui n'ont pas comme
l'argent et le Phénix, le pouvoir surhumain
de renaître de leurs cendres, ont été
échangés et consommés, il en faut de nouveaux, obtenus à nouveaux frais, pour

fournir à un nouveau commerce, à de
nouveaux échanges, à une nouvelle consommation.

Je pense qu'on doit comprendre à présent comment et pourquoi tout l'or et
l'argent du monde, et les pierres précieuses
avec, ne sauraient remplacer le moindre
travail et les derniers produits ; comment
des montagnes d'or n'enrichiraient pas un
peuple, n'amoindriraient pas la misère et
ne feraient pas disparaître le chômage.
On doit comprendre enfin et une fois de
plus comment, si tous les travailleurs
étaient associés, c'est-à-dire échangistes
solidaires, l'élément bénéfice ne saurait
exister entre eux. L'échange des produits,
dans les conditions de la justice et du
droit, valeur pour valeur, voilà le grand
problème économique à résoudre.

Aussi, l'expression *unions* ouvrières ren-
drait mieux ma pensée que celle d'*associations* ouvrières, qui fait tout de suite naître
l'idée de commerce, trafic, spéculation,
agio et bénéfices au bout, tandis que ce
que je poursuis et désire avant tout, c'est
l'égalité. Je voudrais donc que les ouvriers
forment *des sociétés unies*, sans même trop
s'inquiéter des différences d'états, puisque
ce ne sont pas ces différences qui influent
sur la nécessité de ces associations et le
bien qu'on doit en attendre ; mais la qualité générique de *travailleur*.

Dans des sociétés de ce genre, il ne serait
pas nécessaire de se pourvoir d'une organisation compliquée, ni de gros capitaux,
ni, etc., etc. : le bon vouloir, le désir de
s'entr'aider par tous les moyens possibles,

réels ou moraux, directs ou indirects, formerait le principal apport social et d'une valeur bien supérieure, quant aux effets à en attendre, que celle de l'argent. D'ailleurs, et précisément, le but de ces sociétés est d'agir et de tendre à se procurer tous les avantages qu'on doit en attendre sans aucun capital puisque la fonction de capitaliste est étrangère à l'idée d'union entre tous les travailleurs, n'ayant chacun à offrir que son travail.

Les membres de sociétés de ce genre ne peuvent rien perdre, et peuvent (toujours dans la mesure du principe d'égalité) obtenir de grands avantages. N'en est-ce pas déjà un immense que d'appartenir à une société de gens unis entre eux, sûrs en toute occasion de la bienveillance des

uns pour les autres et d'une aide récipro-
que dans toutes les conditions de la vie ?
On s'est trop habitué à ne voir de sociétés
possibles que dans celles qui affectent la
forme commerciale, roulant sur un gros
capital et ne fonctionnant que selon les us
et coutumes de la spéculation. Mais tout
ce que j'aurais encore à dire à cet égard
trouvera mieux sa place à l'article suivant :
du chômage. Je veux seulement terminer
celui-ci en citant, sur l'esprit de fraternité
et d'union, des paroles de l'auteur de la
Servitude volontaire qui semblent avoir
été écrites tout exprès pour mon sujet :

« Et si faisant les partages des présents
» qu'elle (la nature) nous a donnés, elle
» a fait quelques avantages de son bien
» soit au corps ou à l'esprit, aux uns plus

» qu'aux autres, si n'a-t-elle pourtant en-
» tendu nous mettre en ce monde comme
» dans un champ clos et n'a pas envoyé
» ici-bas les plus forts et plus avisés
» comme des brigands armés dans une
» forêt pour y gourmander les plus faibles.
» Mais plutôt faut-il croire que faisant
» ainsi, aux uns les parts plus grandes
» et aux autres plus petites, elle a voulu
faire place à la fraternelle affection afin
qu'elle eût à s'employer, ayant les uns
puissance de donner aide, et les autres
besoin d'en recevoir. Puis donc que
cette bonne mère nous a donnés à tous
la terre pour demeure, nous a logés
aucunement dans une même maison,
nous a tous figurés en même pâte afin
que chacun se put mirer et quasi reconnaître l'un dans l'autre; si elle nous a

» donné en commun ce grand présent de
» la voix et de la parole pour nous accoin-
» ter et fraterniser davantage, et faire par
» la commune et mutuelle déclaration de
» nos pensées, une communion de nos
» volontés ; et si elle a tâché par tous les
» moyens, de serrer et étreindre plus fort
» le nœud de notre alliance et société :
» si elle a montré en toutes choses qu'elle
» ne voulait tant nous faire tous unis que
» tous uns, il ne faut pas faire doute que
» nous ne soyons tous naturellement li-
» bres (c'est-à-dire égaux), puisque nous
» sommes tous compagnons et ne peut
» tomber en l'entendement de personne
» que nature ait mis en servitude (autre-
» ment dit séparés par castes et catégo-
» ries), nous ayant tous mis en compa-
» gnie. »

Du Chômage.

S'il est une science soumise aux règles rigoureuses du calcul, assurément ce doit être celle qui consiste à découvrir les rapports existants entre le travail, la production, la distribution et la consommation des richesses. Cette science, qui a pour point de départ le travail, qui a tous ses éléments dans l'activité et la volonté humaine, qui est faite de l'homme et par l'homme même, a bien l'existence réelle qu'on lui a quelquefois contestée; elle doit entièrement répondre aux questions qui lui sont posées; enfin, elle doit combler toutes les lacunes qui se trouvent dans les faits qu'elle régit. Or, le chômage est la plus grande de toutes ces lacunes; le chômage est comme une solution de continuité dans la série de l'ordre économique, une anomalie, une maladie au corps social, une chose, enfin, qui n'est pas dans l'ordre, qui, au contraire, en est sortie et doit y rentrer.

Ainsi donc, au lieu de demander comment il faut s'y prendre pour alléger le poids du chômage, on doit remonter plus haut et demander si le chômage étant une anomalie, un accident, ne doit pas, avec le progrès, finir par disparaître? Il est vrai qu'en attendant la disparition de ce mal, il faut le supporter, la force des choses l'exige, mais il fallait, avant tout, poser la question de principe. Ainsi : 1° qu'est-ce que le chômage? 2° si le chômage est une maladie sociale, la société ne doit-elle pas finir par en trouver le remède?

3° en attendant, force n'est-il pas de n'y opposer que des palliatifs? 4° quels peuvent être ces palliatifs?

Je suppose que les habitants d'une contrée fertile se plaignent de ne pouvoir vivre parce qu'ils n'en retirent pas assez de produits, et que cependant ils laissent en friche une partie de leur territoire. Evidemment on leur répondrait : si vous êtes malheureux, c'est à votre faute et on les enverrait cultiver leurs terres en friche. Quand on voit dans une nation civilisée tant d'estomacs affamés d'une part, et d'un autre côté, tant de bras inoccupés, ne serait-on pas aussi en droit de dire : que tous ces bras oisifs qui ne produisent rien s'emploient à produire de quoi remplir leurs estomacs? Le chômage est donc le résultat d'une mauvaise organisation,

et il doit donc disparaître au moyen
d'une meilleure organisation. Seulement,
comme il faut pour cela beaucoup de
temps et de changements, il est nécessaire aussi d'avoir quelque patience et de
ne pas vouloir aller plus vite que ne le
comporte la marche naturelle du progrès.
On peut dire que le chômage est l'exacte
mesure du mal de la société, ce qui nous
conduit à rechercher la quantité de chômage dont est grevé le travail. En général, on ne compte pour temps de chômage
que le temps de travail perdu par des ouvriers travaillant habituellement, mais
on doit y comprendre aussi les gens qui
ne travaillent jamais, les mendiants de
profession dont le *rien faire* doit être encore
mis au passif de la société. Il y aurait bien
encore à voir le travail inutile, effectué et

payé, qui est, quant aux résultats, aussi
nuisible au moins que le chômage, mais
ce serait là une autre question. Avec cette
manière de calculer, qui pourtant est ri-
goureusement exacte, le chômage se mou-
tre dans des proportions inattendues et à
peine croyables.

Je viens de dire que le chômage est le
résultat d'une mauvaise organisation; ceci
tout seul pourrait paraître trop général et
par conséquent trop vague. Je m'expli-
querai plus clairement en disant que le
chômage provient du défaut de consommation; que le défaut de consommation
provient d'une extrême inégalité dans la
distribution des produits, laquelle à son
tour, tient à ce que les produits, passant
par trop d'intermédiaires, s'échangent
avec de trop gros bénéfices prélevés sur le

travail, lesquels produits ont été exécutés
par des procédés qui éliminent le plus
possible de travailleurs.

Voici maintenant les moyens que je
proposerais contre les risques du chômage :

1º Supposons mille travailleurs associés
et de différents états, s'échangeant entre
eux leurs produits purement et simple-
ment et aux plus basses estimations du
commerce, au moyen et par l'entremise
d'une agence facile à imaginer, dont le
personnel serait pris parmi les sociétaires
eux-mêmes ; les échanges s'opérant ainsi
directement et presque sans frais au
moyen de bons d'échange toujours ac-
ceptés par les sociétaires entre eux, cette
société pourrait se passer de tout fonds
social et trouverait en elle-même un

moyen assuré de consommation. Une organisation de ce genre rentrerait un peu dans le projet qu'avait imaginé Proudhon, mais peut-être trop en grand d'abord, sous le nom de Banque d'échange, projet savant et excellent, quoiqu'il n'ait pas réussi au milieu d'une société qui n'y était pas préparée et, de puissants intérêts qui y étaient opposés, mais projet auquel tôt ou tard on reviendra, comme il est arrivé de tant d'utiles découvertes dans des sciences de moindre importance.

Toutefois, je crois que cette idée quelque peu modifiée, trouverait sa place dans une association contre les risques du chômage, surtout si elle était organisée par séries reliées entre elles, comme je l'ai déjà proposé dans une brochure sur cet objet;

2° Je proposerais que les ouvriers mem-

bres de cette société s'organisent encore
de manière à se procurer chez les four-
nisseurs de matières premières pour le
travail, un crédit aussi étendu qu'il leur
serait nécessaire, en se portant forts les
uns pour les autres près desdits fournis-
seurs, et cela seul aurait un résultat immense. Je sais les réponses qui pourraient
être faites aux objections sur cette propo-
sition ; j'ai eu, plus d'une fois, l'occasion
de les produire soit à Paris, soit à Limoges ; mais je ne puis tout dire, tout expli-
quer dans un écrit qui ne saurait dépasser
une mesure assez restreinte ;

3° A l'instar d'autres sociétés contre
les risques du chômage, il serait procuré
du travail aux ouvriers qui en manque-
raient et cela par des moyens connus et
proposés avant moi ;

4° Je voudrais que, dans cette société,
chacun continuant à travailler pour son
propre compte, reste aussi responsable de
lui-même dans tous ses actes bons ou mauvais, dans ses bénéfices comme dans ses
pertes, l'association ou plutôt l'union
ouvrière, n'ayant pour but que de faciliter
chacun dans toutes les conditions de son
existence, notamment dans celles du travail, sans l'enrégimenter en aucune façon
dans aucune espèce de phalanstère ou rien
qui y ressemble, et au contraire lui laissant l'entière direction de lui-même, de ses
affaires, de ses intérêts personnels sous
quelque forme qu'ils se présentent ;

5° A cette association spéciale contre
les risques du chômage, s'en joindrait
étroitement une toute différente par familles contre toutes les chances de la vie,

et cette dernière serait d'un effet moral
immense, tout en utilisant chaque jour
bien des forces perdues en pure perte pour
tout le monde.

Travail des femmes.

J'allais terminer par ma pensée sur le
travail des femmes, quand je me suis rap-
pelé avec à propos et bonheur une lettre
écrite à un citoyen qui a bien voulu m'en
donner copie. Cette lettre traite la question comme dans une simple conversation,
et elle est plutôt un charmant et naïf
exemple qu'une discussion savante et appro-
fondie. J'en ai seulement supprimé quelques passages qui, pour ce qui est de l'objet spécial que j'ai en vue, l'allongeraient
sans la rendre plus intéressante. La voici :

« Cher ami, vous me demandez com-
» ment, à mon gré, a été traitée, au Con-
» grès ouvrier, la question du travail des
» femmes, cette question dont nous nous

» sommes si souvent entretenus. Le ha-
» sard a fait que c'est justement un des
» articles que j'ai à peine lus dans un
» journal qui ne reproduisait les séances
» que très en abrégé. Mais je vais vous
» dire plus avec mon cœur, plus avec mon
» propre exemple qu'avec la science, mes
» sentiments et mes pensées sur cette im-
» portante question : Vous savez quelle
» est la composition de ma famille ; ma
» femme, une fille que vous avez vue en-
» core enfant et qui a aujourd'hui quinze
» ans, deux garçons dont l'un de quatorze
» ans que vous connaissez aussi et l'autre
» âgé de huit ans bientôt. Ma femme m'a
» apporté, avec sa garniture de chambre,
» une modeste petite dot (3,000 francs), à
» laquelle nous nous sommes jusqu'à
» présent fait un devoir de ne pas toucher,

6

» C'est notre fonds de réserve. Comme elle
» travaillait à son trousseau dès l'âge de
» seize ans, elle était fort bien établie en
» linge, robes, etc. Dans le commencement
» de notre mariage, elle travaillait chez
» elle et gagnait en moyenne 1 fr. 50 par
» jour, moi 6 fr. environ, avec la chance
» exceptionnelle de ne pas avoir de chô-
» mages. Nous faisions des économies qui
» se sont accumulées. Les enfants sont ve-
» nus, et ma femme a de moins en moins
» travaillé en proportion des nouveaux
» soins que lui imposait son ménage gran-
» dissant. Aujourd'hui elle n'est plus
» occupée que de ses enfants et de son
» mari. La nécessité m'a forcé à plus
» d'assiduité et d'application à mon tra-
» vail, et je gagne jusqu'à 10 francs par
» jour. Nous avons un tel ordre, une telle

» économie, tant de régularité dans nos
» habitudes que, nous pouvons encore
» mettre quelque chose de côté en vue
» de l'avenir et des éventualités, et que
» même ma femme, d'un caractère bon
» et généreux, vient assez amplement en
» aide à quelques-unes de nos connais-
» sances qui, moins favorisées que nous, se
» trouvent dans la gêne. Ma fille finit
» peu à peu par remplacer sa mère, et au-
» cun ouvrage d'aiguille, repassage, etc.,
» ne se fait hors de chez nous. Mon fils,
» apprenti lithographe, gagne 1 franc par
» jour et va être augmenté. Pour plus
» d'économie, nous habitons presqu'à la
» campagne et nous avons un petit jar-
» din, gratté, bêché tout le long de l'année,
» et où nous cultivons, tout ensemble, des
» choux, des pommes de terre, de la sa-

» lade et des fleurs. Par bonne habitude
» prise dès les premiers temps de notre
» mariage, nous passons chez nous toutes
» nos soirées, presque entièrement em-
» ployées à l'éducation de nos enfants qui
» ne s'en sont pas mal trouvés. Ma femme
» les a tous allaités, ils lui doivent une
» magnifique santé et une grande partie
» de ce qu'ils ont de bon et d'aimable. »

Certes voilà le tableau d'un charmant
ménage, d'un petit paradis terrestre, mais
il n'est pas au-dessus de ce que le progrès
peut faire espérer dans l'avenir de tous les
ménages en général. Le travail doit procurer tous ces avantages. Malheureusement les esprits sceptiques, dits positifs
mais, cœurs desséchés trop souvent, ont
plutôt fait de rire d'un tel espoir que de
rechercher si, dans l'ordre de la justice, il

n'est pas fondé et réalisable. Trop de ces hommes sérieux ne savent concevoir la société autrement que comme elle est, avec de grosses fortunes, de permanentes misères, des classes dirigeantes, des classes dirigées, des crèches, des salles d'asile, des palais, des hôtels et des hôpitaux.

N'est-il pas évident que, si dans le charmant ménage dépeint ci-dessus, quelques économies n'eussent pu (par un heureux hasard sans doute) être prélevées sur un travail antérieur, la petite dot de la femme n'eût pas existé, ni son trousseau si complet, ni la garniture de chambre ? N'est-il pas encore évident que sans ces économies premières les suivantes n'auraient pu se former ? Si la femme eût été, dès le principe et comme tant d'autres, rivée à quelque travail dur, pénible, malpropre,

6.

répugnant, exigeant qu'elle courre les ateliers et mendie du travail aux patrons, eût-elle pu, elle-même, élever ses enfants avec cette délicatesse, cette tendresse, cet amour si vanté dans la bourgeoisie, si bien mis en œuvre par elle pour ses charmants petits bébés? C'est partout, c'est dans toutes les classes, que les enfants doivent être la joie du foyer, l'amour et l'espoir des parents. Si cela n'est pas encore, il faudrait faire en sorte que cela soit bientôt.

Ma pensé est donc que, dans le ménage, la femme a généralement assez à s'occuper de son mari et de ses enfants ; que le travail extérieur à celui de son ménage ne doit et ne peut lui être imposé; que c'est au mari à pourvoir, lui seul d'abord, et plus tard aidé successivement de ses enfants, à toutes les dépenses de la maison. S'il le

: doit il faut qu'il le puisse, et la société est dans l'obligation de lui en fournir les moyens. La question de droit au travail pour les femmes est donc mal posée. Sans doute qu'au seul point de vue de la liberté, ce droit serait incontestable, seulement la femme, et surtout la mère de famille, se réserve de ne pas en user ou de n'en user qu'à son gré. Mais devant la raison et la morale, devant la faiblesse de la femme et les obligations toutes particulières de la femme mariée, ce n'est pas le droit au travail qu'il faut demander pour elle, mais le droit au travail de son mari.

D'ailleurs, si la nature a fait la femme faible et fragile, nous, robustes et puissants, c'est sans doute qu'elle nous a confié aussi le soin de la protéger et de la diriger. Je voudrais que nos lois fussent à son

égard plus douces, beaucoup plus douces
et même, en quelque sorte, plus respec-
tueuses ; qu'elles la traitent un peu en
enfant gâtée. Mais c'est ce dont jusqu'à
présent nos législateurs semblent s'être
peu préoccupés. Ils ont traité la femme
en inférieure pour lui refuser beaucoup
de droits, et rudement, d'égal à égal,
comme pour lui faire regretter sa faiblesse
et maudire notre force. Il est étonnant
que la loi qui fait du mari le tuteur, le
protecteur, le conseil de sa femme, n'ait
pas été assez conséquente dans ses dispositions, pour les pousser plus loin et prendre directement la femme sous sa protec-
tion comme un être digne, tout à la fois,
d'égard, de respect, d'amour et d'indul-
gence.

J'ai tâché, en faisant ce rapport, de dire

des choses utiles en m'appuyant sur des
principes certains. J'ai soigneusement
évité ce qu'on appelle les idées convenues,
acceptées et répétées de confiance. Si je
me suis trompé en quelque chose, au
moins mon erreur ne m'a pas été impo-
sée. Mais c'est déjà quelque chose de se
tromper si on a d'abord réfléchi, et qu'on
reste capable de se rectifier ; c'est même
le seul moyen d'apprendre. Voilà, pour
moi, une raison de plus de repousser l'enseignement dogmatique toujours main-
tenu par les classes dites dirigeantes, enseignement qui repose, surtout, sur les
préjugés et la routine des âges. Je crois
que, dans presque tous les cas d'utilité
réelle, notre seule raison, aidée de notre
expérience, devrait suffire à la direction
de notre esprit ; je crois que beaucoup de

questions traitées au Congrès pouvaient
être résolues avec seulement de la bonne
foi, du bons sens et de la réflexion. « Nous
» sommes chacun, dit Montaigne, plus
» riches que nous ne pensons, mais on
» nous dresse à l'emprunt et à la queste,
» on nous duit à nous servir plus de
» l'autruy que du nostre. » Demandons
toujours aux écrits que nous lisons, aux
personnes qui s'adressent à nous, plus de
raison et de logique que de paroles. Les
paroles comme les promesses sont presque toujours choses vaines. Ce sont les
phrases creuses, débitées dans nos réunions par beaucoup trop d'orateurs trop
habiles, qui nous ont habitué à nous payer
du déplacement de l'air par les mots, à
nous faire prendre des ombres pour des
réalités et des intrigants pour des hommes

sérieux. La plupart des gens qui préten-
dent nous guider, nous instruire dans les
questions politiques ou sociales, nous présentent des énigmes à deviner ou d'insi-
pides vulgarités. N'oublions pas « qu'un
» discours qui a besoin d'être interprêté,
» ne vaut pas le temps qu'on dépense à le
» lire ». — N'oublions pas qu'un homme
public qui, deux ou trois fois seulement,
a retourné sa veste, qui a joué deux ou
trois personnages et rempli une demi-
douzaine de rôles sur la grande scène, ne
vaut plus la peine qu'on s'occupe de lui.

Je pense qu'on trouvera dans les choses
que je viens de dire que bien des réfor-
mes, heureusement indiquées au Congrès,
s'imposent aujourd'hui aux idées pour
entrer demain dans le domaine des faits.
Ce Congrès était devenu une nécessité,

il n'a été ni violent, ni agressif, ni de
faible allure, et il a été, au contraire, tout
de science et de paisible discussion. Honneur à ceux qui l'ont provoqué, honneur
aux ouvriers qui, en si grand nombre, ont
émis dans le langage simple qui convient
à la vérité tant d'idées utiles. Plusieurs,
en tête desquels on pourrait citer le
citoyen Chabert (de Paris), se sont vérita-
blement montrés orateurs dans la meilleure acception du mot. Tout cela est de
bon augure ; il y a de quoi fortifier notre
confiance et ranimer notre espoir.

*Vive la République ! Vive le Congrès
de Paris qui déjà donne la main
au Congrès de Lyon.*

GÉRALD MALINVAUD.

Limoges, imp. v° H. Ducourtieux; rue des Arènes, 5.